AF360134

HISTOIRE
DE
TERSANDRE
EN LXIX.
DEVISES
OU
EMBLEMES,

Par Mr. de M. Sieur de T.

Ouvrage qui peut servir aux Peintres,
Emailleurs, Orfévres, Graveurs,
Brodeurs, Deſſineurs, &c.

A NEUFCHATEL,
Chez JEAN PISTORIUS.

M. DCCIII.

] 4. [

pourrois-je les dédier ? Comme je
n'aime que vous dans le Monde,
il me semble que vous y étes toute
seule, ou, du moins, qu'il n'y
a que vous qui soit digne de les
proteger ; En éfet, Madame, à
un trés-grand nombre d'agrémens
extérieurs qui vous mettent si fort
au dessus de tout le beau Sexe de
vôtre Province, ne joignez-vous
pas un cœur généreux & bon, &
un esprit pénétrant & délicat?
Mais si en cela, il m'est si aisé
de vous rendre la justice que je
vous dois, il m'est bien plus dif-
ficile de vous témoigner jusqu'où
vont pour vous mon respect, mon
zéle & mon admiration. J'ai
toûjours demeuré court lors qu'
j'

j'ai voulu vous les exprimer tels
qu'ils font. J'ai encore préfente-
ment la douleur de ne pouvoir me
bien fatisfaire fur ce fujet. Ce-
pendant, pour m'en confoler un
peu, j'aurai le plaifir de vous
aprendre par cette lettre, que ni
l'éloignement, ni le tems n'ont
point affoibli la tendreffe de mon
cœur pour vous, & que vous y
regnerez toûjours avec un empi-
re trés-abfolu. Ce plaifir redou-
ble même, quand je penfe que
cette lettre entrera dans vôtre
chambre fans aucun danger, &
que vous y pourrez lire cette ju-
fte & fincere proteftation, en préfence, mêmes, des perfonnes que
je crains le plus, fans qu'ils ayent

A 3

le

✿] 6. [✿

le moindre soupçon, que c'est vous
à qui j'ai l'honneur de parler. Ce
que je viens de vous dire de ma
tendresse étant la seule chose, qu'il
m'importe que vous sachiez, c'est
aussi tout ce que je vous dirai pré-
sentement. J'espére qu'en étant
bien persuadée, vous m'acorde-
rez toujours un peu de part à
l'honneur de vôtre précieuse bien-
veillance. Je tacherai de la méri-
ter par l'attachement sincére &
respectueux avec lequel je serai
toute ma vie,

MADAME,

Vôtre trés-humble & trés-
obéïssant Serviteur,
D. M. T.

A V E R-

AVERTISSEMENT.

LE deſſein que j'ai, mon trés-
cher Lecteur, eſt d'une aſſez
grande étenduë, car je veux te
donner peu à peu tout ce qui a
été fait de plus mémorable, &
tout ce qui a été dit, ou écrit de
plus ſpirituel, de plus ſingulier &
de plus divertiſſant. Tu ne dois
pourtant pas craindre, que je ne
te donne, que ce qui ſe voit dé-
ja dans pluſieurs livres de cette
nature. J'ai un aſſez bon nombre de choſes qui n'ont point encore vû le jour. Je les mêlerai

A 4   avec

avec les autres pour te satisfaire,
& pour te donner, s'il est possi-
ble, le même plaisir qu'elles m'ont
donné.

HIS-

HISTOIRE

DE

TERSANDRE.

EN

DEVISES OU EMBLÉMES.

PREMIERE DEVISE.

Sur ce que Cephiſe a été belle dés ſa naiſſance.

La Belle Etoile, avec ces mots :

J'ai de l'éclat dés ma naiſſance.

I I.

Sur les Beautés de ſon Eſprit & ſur les bonnes qualitez de ſon cœur.

Une conque de Perle.

Que de tréſors elle renferme !

I I I.

I I I.

Sur le foin qu'elle a de cacher fes plus avantageufes qualitez.

Un dé à joüer , qui marquant le point Un, *cache le point* Six *qui lui eft opofé.*

J'en cache plus que je n'en montre.

I V.

Sur fon goût pour les chofes fpirituelles & fines.

Une Abeille dans un Parterre de fleurs.

Je n'en veux qu'aux plus délicates.

V.

Sur l'amour que Terfandre prit en la voyant.

Le Rayon du Soleil.

Mon origine eft belle & noble.

V. I.

Sur le penchant de Terſandre pour
Cephiſe.

Du Fer attiré par un Aiman.

Rien ne peut m'attirer que vous.

V I I.

Sur le choix que Terſandre a fait de
Cephiſe.

Un Aigle qui regarde le Soleil.

Tout autre objet eſt indi-
gne de moi.

V I I I.

Sur le danger qu'il y a de regarder
la belle Cephiſe.

Le Soleil.

J'éblouïs qui trop me regarde.

I X.

Sur l'inclination de Terfandre
pour Cephife.

*Un Ruiſſeau qui coule vers une
belle Prairie.*

Je fuis mon penchant.

X.

Proteſtation de conſtance.
Une Fontaine d'eau chaude.

Nuls Vents ne fauroient
me glacer.

X I.

Sur la multitude de Vers & de Billets
écrits par Terfandre pour
Cephife.

Un Roſſignol.

Par mille tons divers j'exprime
mon amour.

X I I.

Sur la joye que Cephise inspire quand
elle paroit quelque-part.

Le Soleil.

Si-tôt que je parois chacun
sent du plaisir.

X I I I.

Pour Cephise.

Une Tulipe.

Je veux plaire aux yeux
& rien plus.

X I V.

Sur Cephise dont la modestie la fait
aimer encore davantage.

Une Pensée, Fleur.

Pour ne m'élever guére en suis-je
moins aimable ?

X V.

X V.

Sur la tranquillité de ſon cœur.

Une Riviére qui coule dans des Campagnes unies.

Tranquille dans mon cours.

X V I.

Pour Terſandre amoureux qui ſans ceſſe lui écrit en Proſe ou en Vers.

Un Roßignol.

C'eſt mon ardente amour qui m'inſpire mes chants.

X V I I.

Sur le malheureux ſuccez de l'amour de Terſandre.

Du Bois verd dans le Feu.

Qu'il m'arrache de larmes !

XVIII.

Sur son plaisir à voir la Belle Cephise.

Un Aigle regardant le Soleil.

Cet Astre seul satisfait mes régars.

XIX.

Sur la judicieuse conduite de Cephise
dans les affaires les plus difficiles.

Une Toise.

Avec moi l'on prend de fort
justes mesures.

XX.

Sur son insensibilité.

Un Soleil regardant la Lune.

Toûjours je la regarde & ne
puis l'enflamer.

XXI.

X X I.

Sur la violence de l'amour de Terſandre.

Un Torrent.

Rien ne peut moderer ſon cours impétueux.

X X I I.

Pour Cephiſe.

Une Violette.

Humble & modeſte.

X X I I I.

Sur l'avantage que d'autres femmes reçoivent de l'abſence de Cephiſe.

Des Etoiles aprés le Soleil couché.

On ne vous voit qu'en ſon abſence.

X X I V.

XXIV.

Sur la délicatesse de ses pensées.
Un Bluteau.

Rien n'en sort que de fin.

XXV.

Sur l'amour de Tersandre.
Un Charbon en feu.

Enfin j'en serai consumé.

XXVI.

Sur la froideur de Cephise.
Le Soleil qui passe tous les jours
sur la Mer.

Jamais je ne l'échauffe &
toûjours j'y réviens.

XXVII.

Sur la constance de Tersandre.

Un Barbet rebuté par son Maître.

Malgré mille rebuts je suis toûjours fidéle.

XXVIII.

Sur sa tranquillité aparente.

Le Soleil.

Je n'ai point de répos & je parois tranquille.

XXIX.

Sur les obstacles que Tersandre trouve incessamment dans ses amours.

Un Ruisseau qui rencontre de gros Rochers dans son Cours.

L'obstacle me fait murmurer.

XXX.

X X X.

Sur la froideur continuelle de Cephise.

Une Lune.

Toûjours Belle , mais toûjours froide.

X X X I.

Sur la différence des cœurs de Cephise
& de Terfandre.

*L'Air agité autour de la Terre
qui eft immobile.*

Elle eft tranquille & je fuis agité.

X X X I I.

Sur le méchant éfet que la préfence de
Cephife fait fur les autres femmes
qui la voyent.

Des Etoiles en préfence du Soleil.

Son éclat nous offufque toutes.

X X X I I I.

Sur la rigueur de Cephise.

*Un Nuage que le Soleil semble
vouloir dissiper.*

Vous m'avez élevé, voulez vous
me détruire ?

X X X I V.

Sur le même sujet.

*Un Brasier où l'on voit un
peu d'Eau.*

C'est d'elle que je prens une
plus forte ardeur.

X X X V.

Sur le bonheur de Tirsis Mari de
Cephise.

*Un gros Moucheron suçant une
belle Rose.*

Il n'est point d'Epines pour moi

X X X V I.

Sur le grand éclat du teint de Cephise.

Le Soleil.

Peut-on me voir sans en être
ébloüi ?

X X X V I I.

Sur les jolies pensées que Cephise
tire d'elle-même.

Un Diamant.

Je brille de mon propre éclat.

X X X V I I I.

Sur l'impossibilité où est Tersandre de
surmonter les obstacles qui s'opo-
sent à son amour.

Une Lune dans d'épais Nuages.
Je ne saurois les dissiper.

X X X I X.

XXXIX.
Sur l'indiférence de Cephife.

Le Soleil qui jette d'ardens
Rayons fur la Mer.
Répond-elle à mes feux ?

XL.
Sur la délicateffe de fon Efprit.

Une Fauvette dans un Bois où l'on
ne voit que des Corneilles, des
Corbeaux, des Moineaux, des
Epreviers & des Choüettes.
Qui fait ici répondre à mes tons
délicats ?

XLI.
Sur l'eftime fimple que Cephife offroit à Terfandre pour la récompenfe de fon amour, & dont il n'étoit pas content.

Une Troupe de petis Amours fola-
trans les uns avec les autres.
Nous n'avons de plaifirs qu'avec
nos femblables.

XLII.

Sur la continuation des feux de
Terſandre.

Un Aigle qui régarde le Soleil.

Plus je vois ſon éclat, plus j'en
ſuis enchanté.

XLIII.

Sur ce que Cephiſe méritoit d'avoir
un ſort plus heureux.

Une Tubereuſe environnée de
Ronces, de Muguets ſimples,
de Roſes ſauvages & de mé-
chantes Herbes.

Où le deſtin m'a-t-il placée?

XLIV.

Sur la rigueur de Cephiſe à ne vouloir
rien donner au feu de Terſandre.

Un Grain de Froment ſemé
dans du Sable.

Je périrai faute de nourriture.

X L V.

Sur l'infléxibilité du cœur de Cephise.

Un Soleil dardant ses Rayons
sur un Rocher.

Je ne puis l'amolir.

X L V I.

Sur Tersandre toûjours amoureux.

Le Soleil au deſſus de la Terre.

Toûjours brûlant pour Elle.

X L V I I.

Sur l'acroiſſement de l'Eſprit & des
connoiſſances de Cephise.

Une Lune dans ſon Croiſſant.

J'étens tous les jours ma
Lumiére.

XLVIII.

Sur sa froideur.

Une Etoile.

Brillante sans ardeur.

XLIX.

Sur la langueur de Tersandre.

Un Lis dans un Parterre aride.

Serai-je toûjours languissant ?

L.

Sur le peu d'inclination qu'a Cephise à réconnoître l'amour de Tersandre.

Un Soleil qui n'a pû attirer de la Terre que quelques Vapeurs de peu de durée.

Pour tant d'ardeur qu'est-ce qu'elle me donne ?

L I.

Sur ce que Cephise embellit les lieux
où elle est.

Un Château naturellement som-
bre, éclairé par le Soleil.

C'est mon éclat qui l'embellit.

L I I.

Le même Château abandonné par
le Soleil qui se couche.

Je reprendrai bien-tôt ma pre-
miére laideur.

L I I I.

Sur le mariage de Cephise avec Lycidas.
Une belle Emeraude enchaßée
dans un Anneau de cuivre.

J'en méritois un plus
confidérable.

L I V.

Sur les bonnes intentions de Terſandre
pour cette Belle.

*Un Amour qui éléve une Bergére
dans une Niche, auprés de la-
quelle il y a d'autres Niches
plus élevées.*

Mes bras , s'ils le pouvoient , la
mettroient bien plus haut.

L V.

Sur le deſintereſſement de Terſandre
dans les ſoins qu'il a rendus à Cephiſe.

*Un Cintre qu'on ôte aprés qu'on
s'en eſt ſervi pour conſtruire
une grande Voûte.*

J'ai ſervi, c'eſt aſſez pour moi.

L V I.

Sur le départ de Terſandre cauſé par les
rigueurs de Cephiſe.

Une Hirondelle qui s'envole.

C'eſt le froid qui me chaſſe.

L V I I.

LVII.

Sur la résolution prise par Tersandre de
n'aimer plus rien aprés Cephise.

Un Soleil couchant , dardant ses
Rayons sur une Montagne
fort haute.

Elle aura mes derniers Rayons.

LVIII.

Sur son amour sans-cesse contrariée.

Un Vaisseau toûjours contrarié
par les Vents.

Ne se lasseront-ils jamais?

LIX.

Sur la rigueur de Cephise.

Un Vaisseau agité des Vents prés
d'une Roche escarpée.

Elle où les Vents causeront mon
naufrage.

L X.

Sur l'état où se trouvera Leandre, si Cephise est separée de lui.

Un nuage où le Soleil a peint
l'Arc-en-Ciel.

Que vai-je dévenir si je ne suis
plus vû.

L X I.

Sur la rigueur opiniâtre de Cephise.

Un Vaisseau prés d'une Côte où
il ne peut aborder.

Voguer ailleurs ou périr sans
réssource.

L X I I.

Sur l'impatience de voir Cephise.

Un Tourne-Sol attendant le
léver du Soleil.

Qu'il me tarde de voir ce bel
Astre que j'aime !

L X I I I.

Sur l'état où Cephise met Tersandre par
la reprise de sa rigueur.

*Un Tourne-Sol qui sechant faute
d'humidité, régarde pourtant
toûjours le Soleil.*

Je meurs les yeux tournez vers toi.

L X I V.

Sur l'inquiétude perpétuelle de Tersandre causée par son amour & par
l'incertitude de son sort.

Le Soleil.

Je n'ai jamais un moment
de répos.

L X V.

L X V.

Sur les fréquens rétours de Terſandre
vers ſa chére Cephiſe.

Le Soleil qui aprés divers tours
dans le Zodiaque révient au point
d'où il eſt parti, avec ces mots d'u-
ne Chanſon de Madame de la Suſe.
Et malgré mes détours, j'y
viens toûjours.

L X V I.

Un Tourne-Sol languiſſant tourné
du côté du Soleil.

Son bel œil verra-t-il ſans pitié
ma langueur?

L X V I I.

Sur la contînuelle ſévérité de Cephiſe.

Le Soleil toûjours régardé par un
Tourne-Sol qui flêtrit.
Toûjours il me régarde & je
le fais mourir.

L X V I I I.

LXVIII.

Sur la constance de Tersandre.

Le Soleil.

Ai-je rien perdu de mes feux.

LXIX.

Sur ce que déviendra Tersandre aprés s'étre séparé de sa chére & inféxible Cephise.

Un Vaisseau en Mer sans Voile & sans Gouvernail.

Les Flots me conduiront où bon leur semblera.

F I N.

9 782329 658421